青春文庫

マンガでわかる「ものの言い方」便利帳

知的生活研究所［編］
ザビエル山田［漫画］

青春出版社

はじめに

たくさんの若手社会人から、「敬語に自信がないんです」という悩みを聞きます。本人曰く、敬語が下手なため、上司や先輩からお小言をもらってしまうと。

しかしじつはそこには、敬語以前の「口のきき方がなっていない」、そしてさらに深刻な「社会人のとるべき行動として不合格」という、根の深い問題が隠れているのです。

「こっちがどんなに忙しくても、『すぐ見てください』と書類を持ってくる！」「ご馳走してやっても、翌日、お礼もいいやしない！」「だいたい、何かいいつけても、『はーい』だなんて、学生気分が抜けていない証拠だ！」……上司の意見は、ごもっともなものばかり。

まずあなたは、「言葉は気持ちの乗り物」でしかないことを、しっかり自覚しましょう。敬語や気の利いた言い回し＝かっこいい車だけを、手に入れてもダメ。たとえば、みんなが大残業の中、自分の仕事が終わったあなたが「お疲れ様です、お先に失礼します」と敬語であいさつし、会社を後にしたとして、他のスタッフはどう思うでしょうか？　役に立たないうえ、慇懃無礼《いんぎんぶれい》で嫌味なヤツと思われそう。敬語の使い方だけでは評価されないのです。

諸先輩から学び、取引先を大切に思い、人との繋《つな》がりに感謝する……そんな行動や気持ちを持っていけば、あなたの評価は変わります。そして自然と、礼儀正しく思いやりにあふれたフレーズが、あなたの口から出てくるでしょう。

そんな「あなたが変わるための第一歩」になるようにと、この本をつくりました。豊富な用例はもちろんのこと、人気漫画家・ザビエル山田さんのオリジナルコミックもふんだんに盛り込みました。マナーのお勉強を1つしたら、反面教師の例だと思って、笑ってください。

さあ、いますぐ始めましょう！　この本を完読すれば、大人のライセンスを手に入れたも同然です。

知的生活研究所

マンガでわかる「ものの言い方」便利帳◆目次

第2章　取引先で、ピンチ！

お客様に対して

基本のあいさつ・お礼

応答・確認の基本フレーズ

お願いのための言葉

第4章　お付き合い・冠婚葬祭で、ピンチ！

断固拒否！

冠婚葬祭の正念場!

ブックデザイン◇坂川事務所
本文DTP◇ハッシィ
編集協力◇河村ゆかり

第1章

仕事で、ピンチ！

見積もりミス・書類の記入漏れ…
失敗を挽回する決めゼリフ

●事務のミス●

コピーの部数や綴じ方を間違えた！

――凡ミスには高速対応！　挽回時間が短いほど、ミス度も低くなる

必要部数のコピーをとり、順番に綴《と》じていくなど、学生でもできること。しかし、誰でも間違える可能性のある落とし穴でもあります。ともかく、間違いが発覚したら即やり直し。大部数の場合には、同僚の援軍を頼んででも、スピーディーに。会議に必要な書類なら、正しいものをその場に届けるなど、完璧なフォローを！

失礼いたしました。
すぐにやり直します！
申し訳ございません。
不足分はすぐにご用意して、会議室にお届けします。

たいへんです。コピーの部数が全然、足りません
バン
えっ!!
コピーを取った現場では何度も確認したのに……
ってことは……
事件は現場で起きてるんじゃない
会議室で起きてるんだ!!
言ってる場合か!?

●事務のミス●

上司に頼まれた仕事をすっかり忘れてしまい……

――最もしてはいけないこと！　だからこそ、気づいたらすぐに平謝り！

人間ですから、ミスもします。しかし、上司からの頼まれごとをすっかり忘れるなど、あってはならないミスです。ともかく「あっ！　しまった！」と思った段階で、隠そうとせず上司に謝罪。ここで四の五の言い訳をいわずに、しっかり詫びて、さらに行動でお詫びの心を示しましょう。

大変申し訳ございません。すっかり失念しておりました。いますぐに取りかかりますので、いましばらくお待ちください。

※ミスはわかった段階で挽回に転じること。作業に時間がかかる場合、「今日1日お待ちいただけませんでしょうか」「明日朝までには必ず」など、時間の目安も伝える。

頼まれた仕事を忘れることもあるけど
その逆もあるよな
上司が忘れるパターンだな
『そんな仕事頼んだっけ』って
あるある
『こんな部下、いたっけ？』って
それはお前だけ!!

●事務のミス●

依頼されたことを期日までにできなかった！

――言い訳はあとからでもできる。まずは心からの謝罪を！

「はい、承知いたしました」……上司からの頼まれごとを、約束の日までにできなかった。たとえそれが、過負担なボリュームであったとしても、いったん「YES」といった以上は、あなたのミスです。そこを履きちがえると、「できもしないのにイエスマン」のニックネームをもらってしまうことでしょう。

お役に立てずに申し訳ございませんでした。見込みが甘くて、すみませんでした。今後は、しっかり先を見通した計画を立てます。

※「見込みが甘い」とは、「受けた段階ではできると思った」という意味。安請け合いは、かえってマイナス評価を得るだけ。

資料の提出日、今日だったよな
すみません、あと3時間ほど
あと3時間あれば……
できるんだな
言い訳が考えられます
ぷち
……

●事務のミス●

見積書の金額を間違えたまま上司に提出、しかも2回目……

――凡ミスもたび重なると、会社全体の致命傷に!!

万一、見積金額の0がひとつ少ないまま契約したら……90%オフの出血大サービス?! そんな数字の重要性がわからないあなたを、上司は「自分の出世を妨害する事件を起こすかも?!」と警戒すること必至。ともかくミスをくりかえすのは、気がたるんでいる証拠。そこを自覚していることをアピールしてお詫びを。

何度も申し訳ございません。気を引き締めて、いますぐに訂正いたします。

※「いますぐに」も重要。その場で直すのが、ミスをくりかえさない一番の方法。

何度も、同じことを言わせるな!!
ドッ
また叱られてたな
まったく情けないよ
叱り方にバリエーションがなくって
課長かい

●事務のミス●

企画書のチェックでつめが甘いことを指摘された！

――気持ちをグッとこらえて！　どんどん成長していこう

上司から「これじゃあね」と、嫌味交じりに甘さを指摘されると、カチンと来るものです。しかし、仕事ができない人に、仕事を教えるというのは、じつに面倒で大変なこと。あなたはそれを、お給料をいただきながら、してもらえるのです。まずは感謝、そして努力を重ねる姿勢を示すべきです。

勉強になりました。これからもぜひご指導ください。

ご指摘ありがとうございます。今後はその点に気を付けて、もっとよい企画書を書き上げられるよう努力します。

仕事は
遊びじゃ
ないんだぞ!!
バン
勉強になりました。
これからもぜひ
ご指導ください!!
コク
罰として
青汁、飲みます!!
ぐいっ
遊びじゃないって
言ってるだろ!!

●成果を挙げられず……●

大丈夫だと思っていた契約が土壇場でダメになった

——不成功は不成功。潔く自分の「ダメさ」を認める

「先方の担当者が気分屋で」「あっちの業績が悪くて、契約ができないといいだして」……言い訳は無限にあることでしょう。しかし、契約はとれなければ最初から何もなかったも同じ。ジタバタせずに、力不足を自認することができれば、成功への階段を上へと昇りはじめられるのです。

大変申し訳ございません。○○社との契約ですが、私の力不足で成約に至りませんでした。

私の努力が至らず、契約が見送りになってしまいました。誠に申し訳ございません。

私の力不足で
成約に
至りませんでした
次、がんばれば
いいんだよ
キミはまだ
若いんだから
課長
転職先は
いくらだって
あるだろ!!
ばっ
課長〜〜っ

●成果を挙げられず……●

がんばったけど目標契約数に達しなかった

――PDCAサイクルに準じ、行動指針を示せ！

仕事はP（Plan：企画）→D（Do：実行）→C（Check：評価）→A（Act：改善）のサイクルをなぞることが、ひとつの成功法則とか。よって不首尾に終わった営業成績（P→D）を、お詫びして報告するだけではまったく不完全。あなたはその評価（C）、さらには改善行動（A）を表明すべきなのです。

目標数に○件、足りない結果に終わってしまいました。大変申し訳ございません。
一番の問題点は、▽▽と考えております。来月（期）は、その対策として◇◇を実行したいと思いますので、よろしくご指導ください。

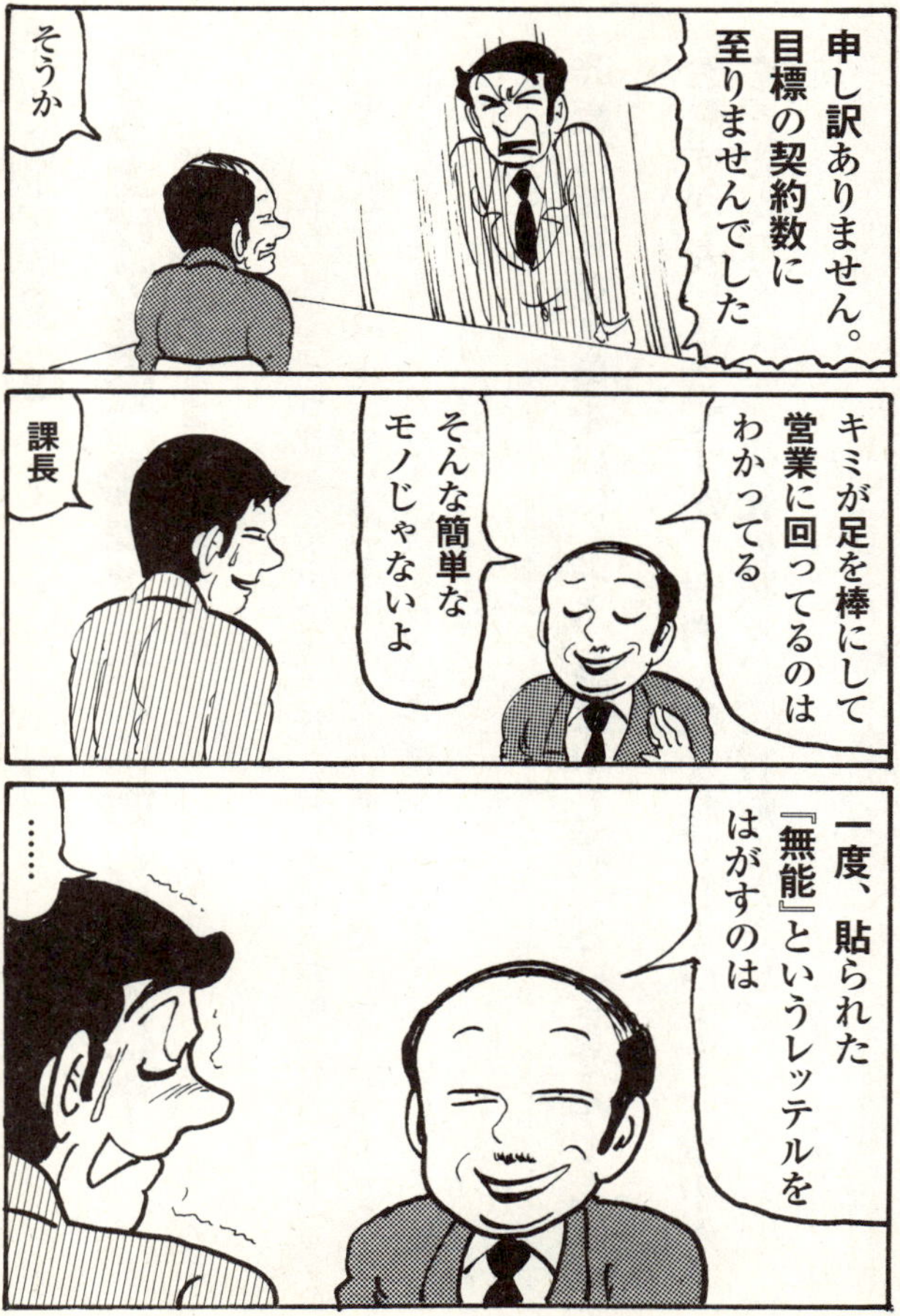
申し訳ありません。目標の契約数に至りませんでした
そうか
キミが足を棒にして営業に回ってるのはわかってる
そんな簡単なモノじゃないよ
課長
一度、貼られた『無能』というレッテルをはがすのは
……

●上司に対しての失態！●

打ち上げの宴会、酔って上司に対し暴言炸裂！

――無礼講の3文字を信じることなかれ

苦労して立ち上げたプロジェクトの完成を祝う会。上の人は軽い気持ちで「みんな、ありがとう！　今夜は無礼講《ぶれいこう》です！　存分に飲んでください！」っていうのです。しかし覚えておいてください、それは嘘。ほんとうの意味は「いつもより多少フレンドリーに」、この程度だと心得て。

昨夜は無礼な言葉を口にして、誠に申し訳ございませんでした。お恥ずかしいことですが、お酒に飲まれてしまい……。途中から記憶がなく……。失礼の数々、ご容赦ください。

たった一言
酒席で暴言を
吐いたら
『次の赴任先は
泡盛がうまいぞ』
だって
恋人
『すまじきものは
宮仕え』……か
あまりにも
あっけないよ
あっけない
ものね……
婚約なんて
解消かい!!

●上司に対しての失態！●

部の宴会で遅くなり……上司にタクシーで送ってもらった

――残業と同じだから当たり前、などと思ったら出世せず

たとえ上司が引きとめたとしても、「すみません、終電を逃してしまうので」と帰るのが、じつは正解。タクシーで送ってもらうのは、気配りが足りないと思われても仕方ありません。いまや、会社に無駄な経費を払わせないのが社会人の常識。同じように、上司に無駄金を遣わせる原因にならないのも、賢い部下なのです。

昨夜はわざわざお送りいただきまして、ほんとうにありがとうございました。

昨夜は遠回りしてお送りいただき、ありがとうございます。ご帰宅が遅くなられたのではと、恐縮しております。

昨夜はお送り頂きほんとうにありがとうございました!!
ペこ
かなり酔っていて何の気遣いもできずすみません
いいんだ、いいんだ……
まァ、次からは……
気をつけます
パジャマ持参していくから♡
ポン
……

●遅刻・寝坊●

前日は大残業……寝坊してしまった！ 朝一番で営業会議があるのに……

――寝坊＝社会人失格。言い訳できない失態なのは間違いなし

残業するほど多忙……だからこそ部下として、大事な会議に寝坊で遅刻するなど、絶対に避けたい！　もし、それでも寝坊してしまったら、すぐに会社に連絡してお詫びと到着時間の連絡を。まだ始業前の時間ならば、親しい同僚の携帯に連絡し、伝言を頼むなど、策を講じて。ともかく「放置」はダメです。

大変申し訳ございません。家を出るのが遅れまして、○分ほど遅れてしまいます。ご迷惑をおかけしてすみません！

すみません！　いますぐ出ますので、○分で会社につきます。お詫びは後ほど改めて。

大事な会議に
寝坊なんて……
オレは完璧に
プレゼンを
こなしたよ
ずいぶん差が
ついちまったな……
これからは
気をつけるんだな
オレと
しゃべる時は
敬語で
そんなに
差が……

●遅刻・寝坊●

いつもどおりに家を出たのに電車の遅延で遅刻！

――だからといって、自分のせいではないとは思わない！

たしかに、あなたに罪はないでしょう。しかし、電車のせいとはいえ、あなたが会社にいるべき時間、いないわけですから、誰かがあなたの代わりを務めます。そのことをお詫びするのが、大人というもの。また携帯に緊急連絡を回してもらうなど、できる方策は利口に打っていくべきです。

大変申し訳ございません。電車の遅延で○分くらい遅れそうです。

遅れておりまして、すみません。電車の遅延で、あと○分ほどかかる見込みです。もし緊急の連絡が入りましたら、携帯までご連絡いただけますか？

人身事故のアナウンスにも何も感じなくなったたな
上野
そうだな
上京して最初に聞いた時は驚いたよな
最近じゃすっかり慣れちゃって……
・・・・ワクワクもしなくなったよ
ドキドキだろ!!

●サボり・悪口がバレた!●

みんなでオフィスの大掃除こっそりサボっているのがバレた!

——「ひとりくらいいなくても大丈夫」、そんな人間に、社会人たる資格なし

日々の業務だけで、精一杯。これ以上、面倒なことをいわないで!……新人のあなたは、そう思ったかもしれません。しかし、あなた以上に上司は仕事をしていて、なのに掃除にも精を出している……その姿から学べず、現場放棄したあなたは、甘ったれの〝ガキ〟扱いされて当然。平身低頭してしかるべき。

甘えが出てしまいました。ほんとうにすみませんでした。言い訳のしようもありません。私がひとりで○○を片付けますので、ご容赦ください。

『大掃除に一人くらい
いなくても大丈夫』
そう思ったんだろ？
申し訳ありません!!
それは正論だよ
えっ!?
ウチの会社も一人くらいいなくても大丈夫
……

●サボり・悪口がバレた!●

「あの人って、正直どうよ?」上司の悪口が本人に聞こえていた!

――聞こえても聞こえていなくても「不当行為」

上司と意見が合わないのであれば、上司に直接、話し合いの申し込みをし、解決を図るべきです。悪口で憂さを晴らし、相手を貶めるのは、まったく不当な行為。「生意気」「筋違い」「若輩の身でわかったようなことをいい」など、どう自分がダメだったかを理由にあげると、よりお詫びの気持ちが伝わります。

失礼な発言をしてしまい、お詫びの言葉もございません。生意気で筋違いなことを申しました。反省しておりますので、どうぞお許しください。

すみません
悪口について怒ってるんじゃない
そのやり方の問題だ
陰に回ってコソコソと
あまりにも手段が姑息すぎる
どん
姑息ですよね……
植毛

転職先はいくらだってあるだろ!!
ばっ
課長〜〜っ

第2章

取引先で、ピンチ！

クレーム・納期遅れ…
「地雷」を踏まないためのひと言

取引先への折り返しの電話を忘れた

――スピード感は、ビジネスの生命線と心得よ！

いまや、ビジネス用携帯を持つ人も珍しくない時代。職場に電話をしたが不在、折り返しの連絡を依頼した取引先は、「早く電話してこいよ！」とイライラしていたはず。この失態を挽回する方法はズバリ、先方の用件を先読みし、解決法を用意してから電話に臨むこと！　もちろん口火は、お詫びの言葉から。

ご連絡が遅くなりまして、大変申し訳ございませんでした。

ご連絡が遅くなってすみません。○○の件ですが、先ほどメールをお送りいたしましたので、ご覧ください。

待受けがママの写真って……
仕事でツライ時ママを見るとがんばれるんだ
さっきからずっと待受けを見てるのは？
約束した電話がかかってこなくて不安で……
神経を疑いますよね
お前だよ

●取引先への非礼●

すぐ送ると約束した見積もり……すっかり忘れていた！

――スタートダッシュが遅れると、プロジェクト失敗率が高まる

大事な最初の一歩を、自分のドジで遅らせるなど、言語道断。これを取り戻すためには、相手のメリットを提示すること。「少しお安くさせていただきました」「こんな追加サービスをお付けする検討をしており、時間をとられました」等々。〝無駄な時間〟の代償をきちんと提示しましょう。

不手際で、申し訳ございませんでした。
大変申し訳ございませんでした。さらに勉強させていただいた案も、ご用意いたしましたので、合わせてご検討ください。

※「勉強する」とは、商品価格や契約金額を努力して低く設定すること。

見積もりの提出を忘れ取引先を激怒させました
すでに先方から連絡がきてる
いま、見積もりが終わったところだ
じゃあ、課長が代わりに？
お前程度の人材なら、他にあたれば半値で雇える
……

●取引先への非礼●

取引先からの質問に答えられない！

――ビジネスパーソンとしての未熟さをカバーする熱血姿勢

できることより、できないことが多い新人時代……ならば、そのことをフォローできる別のスタッフに聞けばよいのです。いまはわからないけれど、わかる方法は知っている、すぐに対応するから少し時間をください！……新人らしい誠実な対応をすれば、好感を持ってもらえるはず。

不勉強で申し訳ございません。その点は、社に戻りましてから担当に確認いたしまして、すぐにご連絡いたします。

その件は、社に詳しい者がおりますので、いま、電話して正確なところを確認してもよろしいでしょうか？

サラリーマンは誰に仕えるかで出世が決まる
お宅の会社の『光秀』って誰なの？
数日後
社に戻って詳しく調べたところ、残念ながら……
自分の上司は非主流派だと？
『ウチは徳川政権』だと
世襲かい

●取引先への非礼●

納品日に間に合わず、取引先がカンカン!

――どんな理由があるにせよ、期日厳守はビジネスの最大常識

たとえ交通機関のトラブルなど、あなたの責任ではない問題で納品が遅れたとしても、あなたの担当した契約内容に齟齬をきたしたことは事実。がっつり、心の底からお詫びしてください。その上で、先方に損害が発生している場合、その賠償を安請け合いするのは禁物。お金に関することです、必ず上司に相談しましょう。

大変ご迷惑をおかけしまして、お詫びの言葉もございません。

(お詫びの後)

上司とも相談して、善後策をご提案したいと存じます。

先輩の土下座は芸術ですよね
今日も相手の担当者、もらい泣きしてましたよ
店の人
先輩
オレ、納品遅れの社内記録持ってるけど
全部、土下座で許してもらったんだ
すげー
尊敬しちゃいます
軽蔑しろよ!!

●取引先への非礼●

取引先からあなたに対しクレームが……

――何が問題だったのか？　きちんと分析し、上司にも相談を

一生懸命、仕事していたとしても、取引先の不興を買うことは珍しくありません。原因は感情的なことか？　それとも契約内容か？　こちらの商品の不備か？　あなたは、それを冷静に分析しましょう。そして場合によっては、上司の援軍も頼み、大事なクライアントを失わないよう最大限の努力を！

お怒りを買う結果を招いてしまい、ほんとうに申し訳ございませんでした。
○○（ミスの内容）の件。まったくもって私の不手際でございます。今後は重々気を付けますので、今回はご容赦いただけませんでしょうか。

これ、ウチの会社の中庭の土だ
今日をもってゲームセットだ。記念に持って帰れ
そんなモノ受け取れません
まだ食い下がる気か?
できればスーツの交換で
サッカーファンかよ!!

●取引先への非礼●

不良商品を納品……取引先にお客様からクレームの嵐！

――ともかく言い訳厳禁！　対応策を用意してお詫びに

言い訳で何とかなる段階は過ぎています。どう賠償するかが問題に。ともあれ上司を捕まえて事態を説明、善後策を練りましょう。それを持ち、上司とともにお詫びに行きます。トラブルは、長引くほどこじれます。決定権を持つ人がお詫びに同行し、その場で話を完結させることがベストです。

どうお詫びしたらよいか……ほんとうに申し訳ございません。

（お詫びの後）

○○（対応策）をさせていただきたいと考えております。二度とこのような事態を招かないよう、重々気を付けますので、どうぞお許しください。

反省の気持ちを
態度で
示さないとな
そこで
土下座してみろ
土下座した頭を
オレが足で
踏んづけてやる
それで
お気持ちが
済むのでしたら
その動画を
お前の家族に
送信……
……

●取引先への非礼●

トラブルはあったが、なんとか仕事完了！

――お詫びをしつつ、次回へつなげる好感度アップテク！

連絡は遅れ気味、納品も滑り込みセーフ……ちょっとしたミスはあったものの、なんとか完了。ここでの一言が重要。お詫びを述べつつ、「仕事はいまいちだが、見込みのある若者」と思ってもらえるかどうか？　逃げるように一言もなしは最低！　ビジネス街道の分かれ道、選択を間違えないで！

いろいろとご迷惑をおかけして、ほんとうに申し訳ございませんでした。しかしもっと勉強を重ねてまいりますので、これに懲りず、今後ともどうぞよろしくお願いいたします。

アンタ、
昨夜寝言で
『申し訳
ございません』
って……
!!
アンタの場合、
謝罪が仕事みたいな
ものだから
完全に体に
しみついてるのよ
そうかなァ
以後、
気をつけます
ばっ
ほら

●取引先への非礼●

後輩が取引先で無礼な態度をとってしまい……

――「私がちゃんと面倒みますから！」と、自分の責任として対応を

取引先から「あの新人、どうなっているの！」と、後輩へのクレームが入りました。先輩としてお詫びに行くことになったあなた。「あいつのせいで！」と思うなら、あなたも後輩レベル。先輩として後輩を指導できなかったことを恥じて、きちんとお詫びできることこそ、新人卒業、できる社会人の証です。

監督不行き届きで……お恥ずかしい限りです。どうぞ私の顔に免じてご容赦ください。

大変申し訳ございませんでした。本人には厳重に注意しましたので、今回はどうぞお許しください。

取引先の新人がウチの部長に
その七・三似合ってないよ
どの会社にも問題ある社員っているのよね
そうだな
それだけのことで次の日からすねて出社拒否
部長かよ

●取引先との駆け引き●

上司と取引先の話が盛り上がり、名刺交換できない

――焦るな、騒ぐな、話を中断させるな！

上司に伴われ、新担当として取引先を訪ねたあなた。しかし旧知の仲の上司と取引先は、ゴルフ談義に花が咲き、あなたは置き去り……。しかし慌てる必要はなし。そのうち、あなたに話が振られますから大丈夫。無理矢理、話に割って入る必要はありません。

ごあいさつが遅れまして、失礼いたしました。私○○（名前）と申します。どうぞよろしくお願いいたします。

※自分のせいで名刺交換が遅くなったわけではなくても、「ごあいさつが遅れまして」が定番フレーズ。

いいかげんにしてくれよ
新人
自分はまだ名刺も出してねーんだぞ
くだらねェゴルフ談義、延々としやがって
アンタらもいい大人なんだから
場の空気読めよ!!
お前だ!!

●取引先との駆け引き●

先輩から担当を引き継ぐことになり、あいさつに

――しっかりと自己紹介し、謙虚かつ賢い表現でアピールを

できる先輩からあなたへと、担当がスライド。そのあいさつの第一声で、クライアントはあなたの〝できる度〟をはかります。「ほんの駆け出しですが」といえば、まずは合格でしょう。なぜなら、ほんとうにできないヤツは、そんな気の利いた表現を知らず、名乗って終わりになりがちだからです。

御社を担当させていただくことになりました、○○（名前）と申します。ほんの駆け出しですが、精一杯努めますので、よろしくご指導ください。

※「ほんの駆け出しですが」のほかに、「右も左もわかりませんが」という表現も。

ほんの駆け出しです。
しかも三流大卒、
資格なし、人脈なし
しかし野心だけは
誰にも負けません
私は必ずトップの
座に登りつめて
みせます!!
おおっ!!
我が社の
アニメ同好会
会長の座に!!
どーん
……

●取引先との駆け引き●

上司が取引先での打ち合わせに遅刻！

――部下として、万全のカバー力を発揮せよ！

クライアントへの大切なプレゼンテーション。しかし上司が、交通渋滞に巻き込まれ、遅刻との連絡が。ともかくタイム・イズ・マネー。クライアントを待たせるわけにはいきません。また、交通渋滞では恰好がつかないので、信頼を損なわないように「大人の嘘」を織り込むのもポイント。

大変恐縮ですが、課長の○○（名前）から、前の打ち合わせが長引いていると連絡がありました。先に私からご説明をさせていただくようにとのことで、始めさせていただいてよろしいでしょうか？

課長、会議が長引いてまして
会議をしてる写真をメールで送信してみろ
あいにく課長、トイレに携帯を水没させまして
あとで水没させた携帯を持ってこさせろ
ウチの会社、今どき、珍しいボットン便所で
泥沼だな

値引き、追加サービスのリクエスト、どうすれば？

——新人ならばなおさら、すぐに判断できないことを伝える

結論からいえば、会社のお金や人員を管理する立場にない限り、その場で決断するのは避けたほうが無難。受けたはいいが赤字に。サービス担当者のスケジュールがいっぱいで、現実にはできないなどとなれば、社内からは無能者、クライアントからは嘘つきの烙印を押されかねません。

ご意向は承りました。それではいったん持ち帰って、上のものと話をしてみます。

私の一存では何とも申せませんので、現場のスタッフと相談しましてから、きちんとお返事させてください。

結局、オレの涙で値引きを回避できたんだ
妻
大の男が真っ昼間の喫茶店で泣いたの？
オレ、児童劇団にいたから涙を自在に操れるんだ
パパー
……
マサオも今から劇団に……
絶対に入れない!!

●取引先との駆け引き●

好条件で契約してほしいと、"接待"されそうに……

——世にうまい話なし。キッパリ断ることが大切です

あなたがクライアントの立場の場合、相手はお客様であるあなたに、なんとか仕事の約束をさせようと必死です。金品を用意されたり、宴席に誘われたり、そんな誘惑もないとは限りません。しかし、それを受けることのメリットはなし。逆に、あなたの社会人人生の最大の汚点になりかねませんよ。

（贈り物）
大変恐縮ですが、立場上、いただくわけにはまいりません。

（宴席など）
私など、そんな力はございませんので、どうぞお気遣いなさいませんように。

つきましては一度
会食の席をもうけたいと
私にはそのような力は……
向かいの牛丼チェーン店だったよ
妻
……
それでキッチリ割り勘って……
どうせ、その程度の男だよ!!

●取引先との駆け引き●

スケジュールの遅延……どう言い訳する？

――なおざりにしていないこと、相手の利もあることをアピール

とあるチラシの製作を請け負ったあなた。まずは、ラフな案を提示する約束になっているのになかなか手を付けられず、遅れること必至。そんな場合、締め切り当日に言い訳するのは愚の骨頂。事前に「遅れていてすみません、じつは……」とお詫びと伝達を。また納品予定日など、最後の締め切りは約束すべし。

ご提案の件なのですが、大変申し訳ございませんが、プレゼンの日を少しずらしていただきたいのです。といいますのは、○○（理由：お勧めの案があるのですが、そのプレゼン資料の入手に時間がかかっておりまして等）。しかし、最終的な納品は保証いたしますので、どうぞご安心ください。

チラシのデザイン、締切りは5日前に過ぎてるだろ
実は私、今盲腸で入院してるんです
いえいえ、けっこうですって、見舞いなんて!!
いや、どうしても会いたいんだ
去年に続いて二度も盲腸を手術する人間に
墓穴……

●取引先との駆け引き●

「原因はそちらの担当者！」この一言をうまくいうには？

――個人攻撃は何も生まない。打開策を示す前向き提言を

クライアントの担当○○さんは、指示を寄こさずあなたまかせ。仕方なく独自に判断したあなたですが、越権だと○○さんの上司・▽▽課長がクレームを。こんなときは淡々と【日ごろのお礼】→【現状と原因】→【解決法】の提案を。あなたが四の五のいわなくても、それを聞けば▽▽課長は○○さんの問題点を理解します。

御社の○○さんには、ほんとうによくしていただいて……ただ、大変お忙しいので、○○さんからは、こちらの判断でよいといっていただくケースも多いのが現状です。しかし今後は▽▽課長にも、ご指示を仰ぐメールを同報※させていただき、情報共有をお願いできればと考えております。

※同報＝メールをCCなどで複数の人に送ること。

担当者の悪口は言いたくないのですが
やめろ責任転嫁は
自分は悪くない、悪いのは担当者と言いたいんだな
そんなつもりはないんですが……
ウチの上司がそうやって言い逃れろって
あくまでも責任転嫁か!?

●取引先との駆け引き●

見積金額の値引きを交渉され……自分で決断してよいものか？

——とりかえしがつかなくなる前に、すぐ相談！

大切な問題に、すぐ回答を出す必要はありません。余計な商談を進めてしまって、あとでとりかえしがつかなくなることもあります。とくにお金の問題は慎重に。ここは、経験豊富な上司と相談し、最善の策を検討する場面。素直にいってしまって大丈夫です。

いったん持ち帰って、上の者と話をしてみます。

いったん持ち帰って上の者と相談してみます
アンタ自身じゃ決められないのか？
私は所詮、ウ飼いの『ウ』ですから
もしくは猿回しの『猿』のようなものですから
どっちなんだよ!?
いったん持ち帰って上の者と相談してみます
それもかい!!

●取引先との駆け引き●

契約内容でもめて、堂々めぐり。シメの一言は？

――ケンカ別れにしない、次につながる解散の言葉

お互い、会社の代表として話し合っている契約内容の検討会。かんたんに相手の意見を飲むわけにはいきません。会議は空転、険悪な雰囲気に……ならば、今日はもう、終わりにしましょう。感情を交えず、お互いに前向きになれる定番フレーズを覚えておきましょう。

意見も出尽くしたようですね。日を改めまして詳細をつめ、御社にもご納得いただける内容に落とし込みたいと思うのですが、いかがでしょうか？

そのまま互いがヒートアップして殴り合いになりそうな雰囲気だったから
ケンカ別れですか？
ガキじゃないんだから
『日を改める』って別れたよ
次は空手二段の奴、連れて行ってやる
ガキじゃねーか

●取引先との駆け引き●

何度話し合っても会議が空転……見込みがないと判断

――今回はダメでも「アイツとなら、いつか一緒に仕事したい」と思わせるために

恋愛ではないのですから、嫌いになって別れるわけじゃない。状況が変われば、今度こそビジネスパートナーになれるかも。そう考えて、決して遺恨を残さずに話を終わらせてこそ、ビジネスマンというもの。最後は握手で立ち去れるように、大人のフレーズを駆使してください。

大変残念ですが、いったん白紙に戻しましょう。しかし御社とはいつかぜひご一緒したいので、また次の機会に、どうぞよろしくお願いいたします。

『ぜひまた次の機会に……』と言いながら
別れたとたんアドレスを消去することあるよな
『消去』する瞬間ってなんかちょっと楽しいよな
そうだな
メインバンクのウチが融資を止めて会社を『消去』……
……

●お客様に対して●

「故障！」との電話、しかし取り扱いに問題が……

――ともかく反論しない。相手が「毒」を吐き終わるまでは静観

お客様からのクレーム。聞いてみると、取扱説明書も読まないまま、無茶な使用をくりかえしての故障。しかし、反論しても、利はありません。ともかく「ごもっとも」と、相手の怒りを吐き出させる。そして「すき間」ができたところに、「じつは……」と説明して、納得してもらえばいいのです。

お話はごもっともです。……誠に申し訳ございません。……お気持ちはよくわかります。……ところで、この商品の説明書はお持ちでしょうか（説明に入る）。

会社で20年間、クレーム処理をやってきた父さんが
上司に逆らって課長からヒラに降格だって
娘
張りつめてたモノがプツリと切れる瞬間ってあるわよ
ねェ
肩書きを失ったとたんに父さんへの愛がプツリと……
おい!!

●お客様に対して●

「商品が届かない」との電話、一番にすべきことは？

――宅配業者の問題だが、自社のトラブルとして早急に処理！

たしかに商品は発送しているのに、お客様に届かない。どうも宅配便の問題のよう。ならば、お客様と宅配業者でやりとりしてもらうのが、正当にも思えますが、お客様からすれば、お金を払っている相手はあなたの会社。これを履きちがえず、真摯に対応しましょう。

ご迷惑をおかけして、大変申し訳ございません。ただいまお調べいたしまして、ご連絡いたしますので、いましばらくお待ちください。

ふざけんな、こらー!!
すみません
上司には媚びへつらい、立場の弱い業者にはあの態度
よく見とけよ
あんな人間にはなるなと
ウチの会社で出世するのはあんな人間だ
えーっ!!

●お客様に対して●

届いた商品が破損！怒り心頭のお客様への誠実対応は？

――すぐに商品発送！　業者との折衝はあとでも間に合う

ともかく、約束の期日に正規の状態で商品が届かないのは、大失態です。必ずその日のうちに商品を発送し、誠実さを表明したいもの。またここで大切なのは、破損商品の返品依頼。現物を確認すれば、自社の梱包の問題なのか、輸送業者の扱いの問題なのか、はっきりわかります。

大変ご迷惑をおかけし、誠に申し訳ございません。さっそく本日、発送し直しますので、明日午前中には届くと存じます。なお、お手数ですが、破損商品は弊社着払いで、お送りいただけますでしょうか。

店員
冷えきった夫婦関係を
暖房器具で暖めようとしたが効果がなかったと
コク
クーリング・オフって？
今ならまだ間に合います
結婚して、2年なんですが
それはムリ!!

●お客様に対して●

クレーム電話、美しく礼儀正しい「シメの言葉」

――早く切りたい態度満々だと、逆に電話が長引く

ともかくクレーム電話をかける人は、自分が納得するまでしゃべりたいもの。途中で止めると逆効果。最後まで話を聞いたうえで、「話してくれてありがとう、またいつでも電話してね」と締めくくるのが肝心です。ちなみに、クレームを宝モノ扱いできない会社は、成長しないといわれています。

本日はご指摘いただき、ありがとうございました。今後、このようなことのないよう、充分注意いたします。また何かお気づきの点がありましたら、ぜひご連絡ください。

買ったばかりのジーンズがはけないの
洗ってもないのにジーンズが縮んだのよ
夫
本当にそう思ってるのか？
私、店にクレームつけて返金させたわ
そのお金で『食べ放題』に行ってきたの
原因はその食欲だ

●お客様に対して●

その商品・サービスはない……勘違いな電話のお客様をどうする？

――「知りません」「ありません」では、せっかくのお客様を失う

あなたの会社に電話してきた＝お客様。今は手のかかる電話をかけてくるだけの人かもしれませんが、そのうち自社商品の購入者になるかもしれません。ぞんざいに扱わず、誠実に対応しましょう。わかる範囲で情報を提供すると、電話したかいがあったと喜ばれ、「よい会社」としてインプットされること請け合いです。

その商品でしたら、大変恐縮ですが、弊社では取り扱いしておりません。○○社さんでお取り扱いだと思います。▽▽（販売サイトや量販店）でお調べになるとわかるかと。

夫
塗るだけで小ジワが取れるクリームを買いに行ったら
『当店には置いていません』って
でも、仮に置いてあったとしても
お客様には薦めません……って
へー
必要ないのね
手遅れなんだよ

●お客様に対して●

相手が女性だと、セクハラ発言するお客様！

――男性に代わる。それが一番よい対応法

どういうわけか、女性とみると、妙な事をいい出す男性客がいるものです。いくらお客様相手でも、ガマンする必要はありません。男性スタッフに代わってもらいましょう。男性がいない場合、先輩女性スタッフに相談し、指示を仰ぐといいですね。

それでは商品担当者に代わりますので、今しばらくお待ちください。

ただいま責任者に代わります。（わざと軽めに受話器をふさいで）○取締役、お願いします。○

セクハラの報告を聞くと、昔の自分を思い出すわ
お局さま48歳独身
じゃあ主任も当時は相当……
悩まれたんですね？
『ふざけるな』ってビンタしたいもの
男の誘いを断った、当時の自分を
……

●お客様に対して●

お金を請求するクレーマーには冷静対応を

――自分で解決しようとせず、専門家、責任者に対応をまかせる

壊れた商品や至らなかったサービスに対し、金品を自ら請求するお客様。そんなとき、あなたが法務担当者でないかぎり、安易に結論を口にしてはいけません。部署の責任者や法務担当者に話を回しましょう。また連絡先を聞いて、折り返しの対応にするなど、賢く対応を。

ただいま、弊社の責任者が詳しくお話をお伺いいたしますので、少々お待ちください。

弊社の弁護士と相談し、改めてご連絡差し上げますので、ご連絡先をお教えいただけますか?

金銭の請求には
いっさい、妥協
するんじゃない!!
一度でも弱みを
見せると相手は
ますますつけあがる
はい!!
あからさまに金を
要求する奴は
盗っ人だと思え
課長も経験
あるんですね？
別れた
女房だ
……

決してマネしてはいけない！

“社会人失格”間違いなしのトンチンカンお詫びフレーズ

「よくあることでして……」▼よくあったら困るんですけど。

「まさか、こんなことになるとは」▼え？　シミュレーションって言葉、知ってます？

「こうなるんではないかと懸念していたのですが」▼え？　リスク回避って言葉、知ってます？

「なにせ不景気なものですから」▼ええ、知ってますよ？　だから？

「人のやることなんで、間違いはつきものでして……」▼私だって人間です。

「他のお客様もいらっしゃいまして、手が回らず……」▼私だってお客なんですが？

「大目に見てもらえませんか？」▼私的には“大目”ではなく、“大目玉”なんですけど。

「今更ですが、白紙に戻すということで……」▼あなたとかけあった時間も白紙に戻してください。

「お互い様ですよね」▼いいえ？　私はあなたに迷惑をかけていません。

「痛み分けってことで、どうでしょう？」▼イヤです。

「悪気はなかったんです」▼あったら犯罪です。

「わざとじゃないんです」▼わざとなら訴えます。

「私のせいとは思えないんですが」▼いいえ、アンタのせいです。

「当然おわかりのことかと思っていまして」▼え？　私のせいですか？

「今日はちょっとアレなんで、後日改めて……」▼後回しですか？

「……（頭を下げるだけで無言）」▼お〜い、なんとかいえよ〜。

「……（むっとしてにらむ）」▼ヤンキーのケンカじゃないんだから。

「……（泣く）」▼ママのところに帰れ！

第3章

職場で、ピンチ！

上司への取次・突然の休暇…
崖っぷちは、このフレーズで乗り切る！

有給休暇・季節休暇明けのあいさつ

――きちんとできるかできないかで、チーム内の評価が変わる!

有給休暇、夏季休暇などは、労働者の当然の権利……ではありますが、あなたが休んでいる間、必ず誰かしらが、あなたの不在をフォローしています。そのことを認識し、きちんとお礼をいえる人だけが、チームの一員として認められます。いわば、ここで「ふるい」にかけられると自覚しましょう。

お休みをいただき、ありがとうございました。
長い間、休ませていただき、ありがとうございました。こちら、お土産です。

※その職場の慣例にもよるが、遠方の実家への帰省や旅行などの場合、お土産を用意していくとよい。

有給明けに出社したら
オレの机の上に
菊の一輪ざしが……
誰がやったか
心あたりは
あるんでしょ
『今に見てろ』って
思えばいいのよ
今に見てろ
アイツが休んだら
オレも一輪ざし
置いてやる
同レベルか⁉

葬儀で欠勤、次の出社日にいうべきこと

――休めて当たり前、ではあまりに考えが幼い。感謝の気持ちを持って

身内の急な不幸……あなた自身も大打撃だったでしょうが、突如、休むことになったあなたをフォローし、留守の間業務を見ていた仕事仲間も、いろいろ大変だったに違いありません。それを察し、ありがたいと思い、きちんとお礼の言葉を口にできるのが大人です。

このたびはお気遣いいただき、ありがとうございました。
急に休んでしまって、ご迷惑をおかけいたしました。

※もし葬儀に参列してもらった場合は、「お忙しいなかご参列いただき、おそれいります」。

父親の葬儀に参列してくれた礼にとその同僚が
父親が愛用してた靴下をくれたんだ
捨てるのはもったいないからって
考えられないわ
それを抵抗なくはいてるアンタ

先輩・上司におごってもらった翌日の決まり文句

――いわない人が増えている分、高評価につながる可能性大！

どういうわけか、おごってもらった翌日、そのお礼をいわない新人が増えているそうです。おごった先輩や上司からすれば、あまり気持ちのよいものではありませんし、相手の常識を疑います。だからこそ、翌日、朝一番に、相手の顔を見た瞬間にていねいにお礼をして評価アップを！

昨日はご馳走さまでした。

昨日はすっかりご馳走になりまして、恐縮です。

飲み会の翌日の『ご馳走さまでした』なんてのは
ワシらの世代に言わせりゃ常識以前の問題よ
でも今はこんな常識すら崩壊しつつある
そうですね
上司が部下におごるという常識……
……

●応答・確認の基本フレーズ●

上司に呼ばれて席に向かうときの定番フレーズ

——第一声で決まる、あなたの社会人度！

上司に「○○君～、ちょっといいかな？」と呼ばれたあなた。すぐに立ち上がり、筆記用具を持って、上司の席へ。そのうえで、もしどうしても手が離せないなら、「大変申し訳ございません、あと30分で提出期限の見積もりがありまして、そのあとお伺いしてもよろしいでしょうか」と、相談すればいいのです。

はい、ただいま！

はい、ただいま伺います。

今度の部長、昔の上司を抜いて昇進したでしょ
その元上司をやたら呼びつけるのよ
おい
わざわざタバコに火をつけさせるためだけに
よくあれだけ変われるわよねェ
禁煙論者だった人間が今やヘビースモーカーに
……
カチャ

●応答・確認の基本フレーズ●

上司から指示を受けたときの100点満点返事

――信頼して任せられるかどうか、あなたの一言で上司は判断

「じゃ、そういうことで頼むよ」。あなたに仕事の割り振りをした上司ですが、あなたから「はーい」なんて間延びした返事をもらってガッカリ……。ともかく返事の仕方は、左のような文言で決まっています。これを癖にしましょう。また、このフレーズの後、自分の仕事内容を復唱して確認するのも大事です。

はい、承知いたしました。

かしこまりました。

はい、お任せください。

『かしこまりました』って返事するオレを
女子社員が『去勢された座敷犬』だって
『汚《け》れがなくって愛くるしい』って意味だろ？
本気でそう思ってるの？
最近じゃ彼女らオレのことを『ポチ』って
そこは怒れよ!!

仕事終わりで光る貪欲フレーズ

――自分の仕事が終わったから帰れる、ではお子ちゃま評価に

今日の仕事は無事、終了。しかし他の人は忙しそうです。こんなとき、「お先に失礼します」では、評価される新人とはなりがたいでしょう。若輩だが、自分にできることはないか？　そんな仕事への「欲」が、あなたを社会人として成長させる栄養素となるはずです。

（先輩、上司へ）お疲れ様です。私の担当分は終了しましたので、何かお手伝いできることはありませんでしょうか。

お疲れ様です。私にできることありませんか？
じゃあ靴でも磨いてくれ
それが2年前の話だ
でもその仕打ちに耐えてよかったよ
友人
苦労が報われ昇進か？
今じゃ役員の靴まで磨かせてもらえるようになってな
よくねーだろ!!

職場入口に、見かけない人物が。どう声をかける？

――誰でも「お客様」。ぞんざいな対応は、会社の品を落とす

受付のある会社、そうではない会社にかかわらず、スタッフ以外の人が手持ち無沙汰でフロアにいる場合には、率先して声をかけましょう。その際、「アポ、取ってますか？」などと切り口上にいうのは×。たとえ相手がセールスマンでも、丁重に声をかければ、あなたの会社の品格も保たれます。

いらっしゃいませ。御用は承っておりますでしょうか？

部長にさんざんもてあそばれたうえ、子どもを産まされ
そのあげく捨てられた女と言えばわかります
数分後
せっかくですが……
会う気がないと？
該当者が10人はいるから名前をと
……

担当者が不在なのに、取引先が訪問……どう対応すべき？

――上司に相談できない場合には、相手の要望に合わせて対応を

「ちょっと近くに来ましたので」と、クライアントが来社。しかし自社の担当者は出かけていて……。ともあれ上司に来訪を伝え、指示を受けましょう。場合によっては、上司が応対するかも。もし、そうした相談相手がいない場合は、以下のように話しかけて、用件をお聞きするといいですね。

わざわざお運びいただきましたのに、あいにく○○（担当者）は打ち合わせに出かけておりまして申し訳ございません。

次長が帰るまで待たせてもらいます
結局、そのしつこさが問題なんですよね
しつこさって、かえって人に嫌悪されますよ
だから契約に至らないと？
だから40にもなって独身だと
ほっとけ!!

●お願いのための言葉●

忙しそうな上司に話しかけたいときの声かけは？

――無礼者にならないための、気配りフレーズを覚えよう

上司はあなたより確実に忙しい。まず、そのことを理解し、気配りを持って声をかけることです。「お忙しいのに、すみません」「お忙しいのは承知ですが、3分だけください」「あとでお時間をいただけますか？」等々、相手を慮って、しかし確実に時間を割いてもらえるように、用件とかかる時間を明確に。

お忙しいところ、申し訳ございません。○○の件で3分ほど、よろしいでしょうか。

○○の件でご相談したいのですが、本日30分ほどお時間いただくことは可能でしょうか。

課長が忙しいのは有能で仕事が殺到するからではなく
無能で仕事がこなせないからなんです
部下であるキミがそこまで言うか？
意を決しての忠告です
ですから……
そろばんと伝票は、やめましょう
えっ!!

●お願いのための言葉●

上司に書類を確認してもらうとき、どういえばいい？

――期限を明確にして、上司が時間を融通しやすくする

上司はスーパーマンではありません。仕事をこなすのに、それ相応の時間が必要です。よってあなたは、上司のチェック時間、チェック後の自分の修正に必要な時間を締め切りから逆算し、上司に書類を提出するのが鉄則。「いまのいま、見てください」では、どんなに言葉を尽くしても無礼です。

（明日までに！）

大変恐縮ですが、今日中にご検討いただけますでしょうか。

（2～3日中でオッケー）

お手すきのとき、ご覧いただけますでしょうか。

企画書には目を通しておく
ただオレも年だ、老化が進んでいる
もっと大きな字にしてくれと？
いや
もっと破りやすい紙に書いてくれ
最近腕力が落ちて
破るの前提かい

●お願いのための言葉●

書類のチェックを戻してくれない上司になんていう？

――おずおずと、しかしキッパリと。責めないまま急かす！

上司だって人間です。忘れることもある。しかしあなたはチェックに出した書類を、今日中に戻してもらわなくてはならない。忙しそうな上司を慮って、まず一言。そのうえで、締め切りをきっぱり。間違っても「いったじゃないですか」等、相手を責めるフレーズを口にしないように！

お忙しいところ、申し訳ございません。先日、チェックをお願いした書類ですが、先方との打ち合わせ日の関係で、どうしても今日中にご確認いただきたく……いかがでしょうか？

（外出先から戻ってきたばかりの上司に）お戻り早々、申し訳ございませんが……。

書類のチェックも満足にできねェのか
チッ
部下に舌打ちをされた……
ふざけるなー!!
課長、今、エレベータの中で何か叫んでました？
いや別に……

●お願いのための言葉●

上司に相談にのってもらいたい

——「自分の案」を持って話を持ちかけるのが鉄則

任されたプロジェクトで行き詰まったあなた。経験豊富な部長に相談したいと考えます。礼にかなったお願い言葉は、左の例文を参照してもらうとして、あなたが一番にしなくてはならないのは、考えをまとめること。部長に「丸投げ」するのでは、あなたの評価は確実に下がります。

○○部長、折り入ってお願いがあるのですが……。恐縮ですが、△△の件、お力添えいただけないかと……。◇◇にしたいと考えておりますが、いかがでしょうか。

このプロジェクトはお前が試されている
オレが手伝うのはルール違反だ
ただ部下の成功を望まない上司はいない
じゃあ手伝ってもらえるんですね
社長の孫の誕生パーティの紙ふぶき作り!!
まったく世話の焼ける部下を持ったもんだぜ

●お願いのための言葉●

有給休暇をとりたいときの優等生フレーズ

――早めに相談、迷惑をかけない日を選び……は、社会人の常識

有給休暇は希望の日時が見えてきた段階で、すばやく上司に相談を持ちかけましょう。「明日、いいですか？」は、いただけません。もちろん、他の人の迷惑にならないことを計算して設定を。上司は人員の配置を考えて、日々の業務を管理しています。その点を気遣える部下になりたいものですね。

○月▽日に有給休暇をいただきたいのですが、よろしいでしょうか？

もし支障がないようでしたら、プロジェクトが一段落する○日から▽日まで休暇を頂戴したいと思っております。

有給だと？
まァ、お前がいなくとも全く支障ないからな
……
大人げないと思わないか？
あまりにも大人げないよ
あっ、課長の分だけ土産のまんじゅうが足りなーい!!
カラ
カラ
お前の仕返し

●お願いのための言葉●

具合が悪いので早退したいときの一言

――体調管理も仕事のうち。「申し訳ない」という気持ちで！

調子が悪いとき、早退はやむをえません。ただし、どういって早退するかが肝心。直属の上司に不調を伝え、突然、仕事に穴をあけることをお詫びします。アポや締め切りの仕事がある場合、その対応策の相談もしましょう。また翌日、出社したときには、きちんとお礼とお詫びをするのも当然です。

突然で申し訳ないのですが、体調がおもわしくなく……早退させていただけませんでしょうか。

早退？
ガタ
オレを陥れようと策略を練るつもりなんだな
そういえば最近周りの人間の態度がおかしい
部署の全員がオレの悪口を言っているんだ
悪の組織に頼んでオレの命を狙うんだーっ
うおーーっ
お前が早退しろ!!

●お願いのための言葉●

家族の窮地で会社を休みたい

――大人表現を使えるか否かで、上司の心証が変わる！

家族が急病で入院、事故などのプライベートな事情は、「私事《わたくしごと》で恐縮」が、大人の枕詞。これを「お父さんが盲腸で」なんていおうものなら、子供っぽいことこの上なく、上司は情けなく思うこと請け合いです。社会人として家族にも責任があるという、大人のスタンスで。

私事で恐縮ですが、○○（家族の事情）でお休みをいただけませんでしょうか。

明日、会社を休みたいと？
70歳の父が20歳の女性に惚れまして
『一緒になれなきゃ死んでやる』って
ですから何とか説得しようと
そうか……
相手の女性を
反対しろよ!!

「君、がんばったね！」個人プレイを褒められたときは？

——いばらず、恐縮しすぎず。ほどほどの受け答えを覚えたい

あなたが仕上げた企画書を、職場で褒めてくれた部長。他のスタッフもいる中、あなたはどうこたえるべきか？ 「いえ、私なんて……」と恐縮しすぎると、褒めてくれた部長の顔がつぶれます。うれしさを素直に表現し、今後の精進を宣言する、この大人のセットプレイがお勧めです。

○○部長にお褒めいただき、ほんとうにうれしいです。これを機会に、さらにがんばります。

ありがとうございます。とても励みになります！

よくやった、非の打ちどころがない完璧な企画書だ
そこまでほめられるほどのものでも……
オレの正直な感想だ。謙遜なんてしなくていい
でも……
やってくれたのはお父さんですから
夏休みの宿題か!!

●褒められたときの技アリ応答●

チームの手柄を代表して褒められたときのキモ！

——手柄を独り占めする様子が見えたら、評価ガタ落ち

廊下ですれ違った部長から、「君のチーム、すごい成果だね！」とお褒めの言葉が。ここで「ありがとうございます！　いやあ、大変でした～」なんて、一人で手柄顔をしてはマイナス。チームの一員として、「私だけの手柄ではない」ことを暗に表明しつつ、謙虚に受けとめたいものです。

ありがとうございます！　チームのみんなにも部長からのお言葉を伝えて、一緒に喜びたいと思います。

キミのチーム、すごい成果だな
ポン
これから課長抜きで祝杯をあげようと思ってるんです
そ……、そうか……
課長には伝えないでおくよ
ぷるぷる
この事を、あえて課長に伝えてもらえませんか？
なんて陰湿な……

やっちまったなぁ！の

社会人（もどき）フレーズ

いいたいこと→	こういってしまって……→	ここが「ダメ」ポイント！
▼ちゃらちゃらしてんじゃねーっ!!		
よろしくお願いします	どうもです！	「どうも」は本来、「どうも失礼いたしました」などの謝罪やお礼を略した言葉。
がんばります	まじ、がんばります！	「まじ」は、「本気で」と変換すべし。あなたのオフィスが、渋谷の路上でないのなら。
やばいでしょ？	やばい状況だと思いますよ	「やばい」は「とても危険な」「憂慮すべき事態」などに変換を。
▼嗚呼、勘違い……		
やる気充分です！	何でもします！　何でもいってください！	嘘はつかないほうがよい。
ちゃんとアポいれてます？	アポイントはございますか？	日本語が正しくても、相手が上得意だったとき、これはかなり失礼。
レポート、見てもらえますか？	レポートを拝見してくださいますか？	「拝見」は、自分の行動をへりくだっていう言葉。「これから拝見しますよ」って嫌味を返されそう。
どうすりゃいいの？	どのようにすれば、いいのでしょうか？	その回答を持ってくることこそ、あなたの仕事。
何かと失礼だよ！	あなたはとても失礼な人だと思います	正しい日本語が、正しいビジネス用語だとは限らない。ここまで口にすると、生涯の敵となる。
あなたのいうこと、わかりません	もっとわかりやすくご説明願います	上司いわく「もっと頭を働かせて仕事してください」。
何とかしてください！	藁にもすがる気持ちです	これでは相手を「藁」扱い。「ぜひお力をお貸しください」
▼早く「大人」になってください！		
ミスしちゃってぇ	間違えました	「だから？　それで？　どうカバーしてくれるの？」を、あなたの上司は聞きたがっている。
ごめん！	ごめんなさい	「ごめんなさい」はプライベートな言葉。ビジネスでは「申し訳ありません」と、常に変換すべし。
許して！	許してください	敬語としては正しいが、ビジネスでは無意味。個人を許す・許さないの問題ではない。
もういやだ！	もういやです	子供ではない。冷静に対応すべし。
もういいよ……	もうけっこうです	今後の取引は一切なしの場合だけ。
どうにかしてよ！	どうにかしてください	年貢の取立てではないのだから、「○○のようにしてくださいませんか？」と提案形で申し出たい。
上司にちくるぞ！	あなたの上司にいいつけますよ？	それをいうなら、「一度上司の方とも相談させていただきたいものです」。

第4章

お付き合い・冠婚葬祭で、ピンチ！

借金を断る・結婚式に行けない…
慣れない場面のレスキュー会話

●やんわり断る●

目上の方から宴会に誘われたが、行きたくない……

――墓穴を掘るので、「嘘」なら詳細は語らない

気が重い宴会、ありますね。できれば行きたくない、そんなときは、上手な嘘をつきたいものです。「予定が……」というのは定番中の定番。また仕事を理由にするのも手ですね。あまり詳しく、「遠方の親戚が久しぶりに出て来まして」などというと、嘘に嘘を重ねることになりかねませんから要注意。

あいにく予定が入っておりまして……。

残念ですが、そのころは仕事が繁忙期を迎えておりまして……。

宴会、来ないのか？
部長の裸踊りに拍手する空気に耐えられないんです
それは、みんな思ってる
ただ、お前の立場じゃあ……
そうなんですよ
ボクだったら、もっと上手く踊れるのに
やりたいのか!?

●やんわり断る●

恋人とのデートの日、上司に酒を飲もうといわれて……

――「許される嘘」の範疇を覚えるのも社会人の必須項目

上司が上機嫌で誘ってきたら、非常に断りにくい。しかも、恋人とのデートなんていうと、「俺よりそっちが優先かい！」とへそを曲げられるかもしれません。ならば、へそが曲がらない理由をセット。嘘も方便、ただし「伯父が危篤で」など、生き死にに関わることはシャレにならないので避けて。

誠に申し上げにくいのですが、本日は田舎から友人が10年ぶりに出てまいりまして……。

前々から父の定年祝いをする約束をしていた日でして……。

今晩は田舎の友人と飲む約束でして
ポン
バレバレのウソをつくなよ。デートなんだろ
前、派遣で来てて今は販売やっている27歳の女性だろ
そこまで知ってるんですか
先々週のお台場、先週の赤坂に続いてこれで今月、3度目だな
CIAか

●やんわり断る●

苦手なものを出されたが、やっぱり食べられない

——大人の好き嫌いは、恥ずかしいこと。そのことを知るべし

どうしても食べられない苦手なもの、誰にでもあるものです。そういったものを出されたとき、「これ、苦手なんで！」と切り口上に断るのでは、幼稚園児クラス。大人になっても好き嫌いがあるのは、じつは恥ずかしいこと。それを自覚して。またアレルギーの方は、きちんと説明を。

お恥ずかしいのですが、好き嫌いがありまして。
じつはアレルギー※がありまして、こちらはいただけないのです。

※ただし、アレルギーは深刻な疾患。だからこそ、ほんとうにアレルギーの人に限定。

ブロッコリー食べられないのか？
すみません、いい年して好き嫌いがひどくて
それが許されるのは学生までだ
社会人なら克服しないとな
はァ
オレも、本当は嫌いなお前をこうして誘ってる
……

●やんわり断る●

ダイエット中なのに、どんどん食事を勧められて

——あくまでも「すみませんが食べられないのです」のスタンスで

「ダイエットしていますから、無理です！」では、あまりに大人気ない。あなたを思いやって食事を勧めてくれた方の、誠実な思いに応えられる表現を選びましょう。「健康のために」は、最もわかりやすく伝わりやすい言い方。また「食事はもうすんだ」というのも、納得の理由になります。

いま、健康のために食事を調整しているのです。

食事をすませたばかりなので……。

これ以上はもう食べられません!!
バン
キッパリと断ったな……
今、10万もするダイエット食品使ってるんです
意外にも意志が強いんだな
友人に勧められてどうしても断りきれなくて
優柔不断じゃねーか!!

●やんわり断る●

帰ろうとしたら、「食事を用意します」といわれ

——相手の気遣いをソフトに断るフレーズを覚えよう

お宅訪問をしたら、奥さまから「お食事召し上がっていってね」。しかし、あなたにそんなつもりはなく、用件がすんだら帰る予定でした。こういったことがないようにするため、食事時間を避けて訪問することも大切。ともあれ申し出を受けたら、左のような大人フレーズでやんわりお断りを。

どうぞお気遣いなさいませんように。

せっかくですが、予定がございまして、これで失礼いたします。

オレ、気が小さくて言えないから
女房の料理に『マズい』と言ってほしいんだ
わ…、わかりました
自分の料理のマズさにやっと気づいたわ
私、今日から変わるから
おおっ!!
部下を呼ぶときは店屋物を取る
腕を磨けよ!!

●やんわり断る●

お宅訪問、引きとめられたが、帰りたい

——「もう帰ります」では、子供すぎる。大人の社交言葉をマスター！

「まだ大丈夫だろう？　ゆっくりしていきなさい」。訪問先のご主人から、そういって引きとめられたあなた。そんなときは、スマートな社交言葉を使って、席を立ちましょう。さらに引きとめられたときには、「いえ、今日はほんとうに失礼します。またゆっくり、寄らせていただきます」と帰り支度を。

そろそろお暇《いとま》しないと。

すっかり長居をいたしまして……。

女房が初めて
オレのアパートへ
来た時のことだ
終電の時間が
迫ってくる頃に
思いつめた
表情で『今夜は
帰りたくない』って
それからもう
10年ですか……
そんな女房のもとに
今、オレが
『帰りたくない』……
……

●やんわり断る●

なかなか帰らないお客様へのソフトな最後通牒

――強くいいすぎると邪魔者扱いに。やわらかい表現でプッシュを

「もういい加減帰って！」という意思表示、強く出しすぎると無礼になり、難しいもの。夜遅い場合は、終電を匂わせる、昼間なら一緒に家から出てしまうテクニックも。お茶のお代わりを勧める際、「最後に」と念押しするのも、賢い方法です。

（夜遅い場合）
お帰りの電車は大丈夫ですか？

（昼間なら）
すみませんが、そろそろ出かけなくてはいけない時間で……。
駅までご一緒いたしましょう。
最後にお茶のお代わりは、いかがですか？

今は携帯で
電車のダイヤも
わかるんだよな
まだ
大丈夫だ
そろそろ、
終電だと
思うんですが
始発まで
まだ
5時間飲める
……

●やんわり断る●

宴会の席で、上座を勧められたが……

――下座にいたほうが安心。そんなときに役立つ社交フレーズがこれ！

多数の人が集まる宴席。目上、目下、さまざまな立場の人がいて、席の指定がなく、自分のポジションをはかりかねるときは、下座（入口近く）にいると安心です。いかにも目上という人に、上座を勧められたら、左のような大人フレーズで遠慮するといいでしょう。

とんでもない！　身の置き所がないので、分相応の席で……。

課長の上座に座るなんて
10年早いよな
課長
2年と4カ月、早いですよ
なんだその2年と4カ月って？
次の次の昇進試験です
リアルじゃねーか

●やんわり断る●

仲人好きのおば様に、「縁談お断り」の意思表示は？

――「いまは無用です」「いつか頼みますから」で、シャットアウト

縁談をまとめるのが趣味という人は、「善かれ」と思って行動しているので、あなたからしたら迷惑でも、そのことに気づきません。しかし、こういう人に「恋人がいますから」というと、その後の根掘り葉掘りも面倒。なので、以下のようなフレーズでお断りを。

ありがとうございます。しかし、いまは仕事が恋人で……。そういう気持ちになったときには、ぜひよろしくお願いいたします。

親戚のオバチャンが見合いの話を持ってくるんですが
正直、迷惑なだけなんです
喫煙
『時代おくれ』ってことに気づいてないんですよ
『見合い』という手法がな
『結婚は善』という価値観が
……

●やんわり断る●

見合いの相手が気に入らない！　縁談を断るには？

――嫌な理由をいう必要なし！　自分を低くして断るのがルール

お見合いをしたものの、どうもピンとこない。あの癖が気になる……。こんなときは、昔からのお決まりフレーズを使いましょう。ともかく、相手に非はない。自分には分不相応、私なんかよりもっと素晴らしいお相手がいますよ、と日本人らしい謙虚なお断りをするのが、大人のルールです。

私には過ぎたご縁で……恐れ多いので、ご辞退したいのです。私にはもったいないお話です。もっとふさわしい方がいらっしゃると思います。

先方の男性がアナタの中学時代の写真を入手して
『明らかに今と顔が違う』って……
えっ!!
それで『この話はなかったことに』
『何でしたら別の人を紹介しますよ』って
……
別の美容整形医
悪かったな失敗で!!

●やんわり断る●

セールスされて……欲しいけれど、いまは買えないとき

――「次のチャンスがあるから待って！」とセールスマンを逆説得

すごく欲しかった品！　だけどいまは持ち合わせがない。セールスマンはそんなあなたの表情を見逃さず、熱心に売り込みます。そんなとき、「お金ができたら買いますから」というニュアンスを伝える言葉を覚えておくと便利です。ポイントは「あなたにご連絡」です。

残念ですが、今回は持ち合わせがないので見送らせてください。購入する際には、またあなたにご連絡しますので。

ヒラ社員のワシが高級外車なんて
2年後の退職金があるじゃないですか
よくワシが退職する日まで調べたな
我々もプロですからそれくらいの事は把握しとかないと
退職金の2割のこのモデルがふさわしいかと
金額までも……

●やんわり断る●

父の勤め先のライバル会社の商品を売り込まれて

――浮世の義理です、許して！　の人情に訴えるフレーズ

たとえば、父親の勤務する新聞社のライバル会社の新聞購読を勧誘された、など。はっきりと「父が～」というのが、手っ取り早く効果的。また取引先の対抗企業などは「義理のある～」のフレーズが便利。また買いたくないときにも、〝嘘も方便〟の言い訳として使えます。

じつは、○○社に父が勤務しているものですから……。

○○社に義理がありまして、申し訳ないんですが……。

こちらの新型パソコンなんですけど……
ウチの父が別の家電メーカーに勤めてまして
他のメーカーのものはちょっと……
愛社精神ですか？
毎月、5万の自社製品購買ノルマが……
業績不振ですか……

●やんわり断る●

役員に推薦されたが、とても受けられない！

――自分が未熟だから無理、それを恥じていまは固辞する

役員になる自信がない、まだ無理……お断りをしたいあなたが、前振りとして用いるとよいフレーズを覚えておきましょう。「自分がもっとしっかりした人間だったら、喜んでお受けしたいのですが」と、自分の未熟さを恥じる立場でもって、辞退します。ただし、時が来たら受けるのが前提です。

お役に立ちたいのは、やまやまですが……。

頼りがいのないことでお恥ずかしいのですが……。

もし20歳の
社長の息子の私が
役員になったら
社員は
どう感じると
思いますか？
『やっぱりジュニアは
実力もすごいな』と
その通り
当然だ
満場一致で
可決だってよ
そりゃ
よかったな……

同窓会会長に推挙されたが、受けたくない

——ともかく「皆様のご迷惑になるかも」と断ってみる

先輩から「君を同窓会会長に推挙したい」といわれたが、とても無理！　このような名誉職に推されて断る理由として、仕事＝誰しも忙しいのは同じ、家庭＝みんな状況は似たり寄ったり……と、なかなか手ごわいもの。一般的には「かえって迷惑をかけては」と固辞するフレーズがあります。

安請け合いして、かえってご迷惑をおかけしてはと。今回はご容赦ください。

息子が引きこもりなんだって？
どうしても自分ばかりを責めるんだ
こうなったのはオレのせいだと
お前ばかりの責任じゃないよ
だから会長なんてできる状況じゃないんだ
新作ゲーム買ってやるために休みもバイトしてるから
お前の責任だ!!

●やんわり断る●

盛大に褒められて身の置き所がない……

――ここで胸を張るより、謙虚に出たほうが人柄の評価につながる

恩師の退官パーティに呼ばれたアナタ。たくさんの同窓生の中で、先生から「君はすばらしい活躍だそうじゃないか！」と、大きな声で何度も褒められました。しかし周囲はしらけ顔。もういいです、やめてくださいとはいえないので、こんな一言を。

過分なお褒めの言葉をいただき、恐縮しております。どうぞ、そのあたりで……。

まさに
出世頭だよな
こんな田舎の
高校から上場企業の
社長様だなんて
いやー
やめてくれよ、
中年男を
おだてるのは
今がピークで
後は落ちるだけ
なんだから……
ハハハ……
だから今、
ほめてるんだよ
……

●やんわり断る●

話好きのタクシードライバーをダマらせる方法とは

――静かにして！　とケンカを売るより、大人の対応を

深夜残業でクタクタ。やっと捕まえたタクシーの運転手さんは、おしゃべり好きと見えて、ずっと話しかけてくる。疲れているあなたは、静かに帰宅したいのですから、「話しかけないでください」というのも手かもしれませんが、同じ車中にいる人と険悪になりたくなければ、この言い方をどうぞ。

着いたら起こしてください。

少し、寝させてください
そうですか
でもタクシー運転手がなぜ話しかけるかわかりますか？
心ばかりのサービス精神ですよね
しゃべってないとこっちも寝ちゃうから
おい!!
ふあ

●断固拒否！●

どうして私に？　そんな無理いわないで！の拒否言葉

――相手の気持ちがどうであれ、できないものは、できないという誠意を

なんで新人の私に、そんな役割をさせようと？　無理に決まっているのに！　もしかして、悪意がある？……そんな、相手の気持ちがわからないような申し出には、はっきりと意思表示をしましょう。そのうえで、相手と腹を割った話し合いができれば、何か前向きな活路が見出せるかもしれません。

私のような若輩者には、無理というものです。
どうしてそんなお話を私に？　ご真意をはかりかねます。

入社1年目のお前に社運を賭けるプロジェクトを任せる!!
えーっ!!
すでに社長は夜逃げの準備を終えている
そんな魂胆かい
運転手は頼んだぞ!!
ポン
そんなプロジェクトかい!!

●断固拒否！●

まだ一人前ではないから、と断る方法

――この言葉からの「卒業」を目指して、口にすべき

あなたがまだ、独身としましょう。結婚して一家を構えたら、初めて一人前。社会には、そんな考えがあります。よって、独身のあなたに、「ちょっといまの自分では無理」という難題が振られた場合、以下のようなフレーズを使うことも可能です。ただし、早くこのフレーズから卒業するよう努力を。

まだ親がかりの身ですので……。
自分の面倒をみるので精一杯の私には、とてもとても……。

まだ親がかりの身ですので
母に起こしてもらい、母に食事を作ってもらい……
そりゃあまだ半人前だな……
そうなんです、もう、一人立ちしなきゃあ
せめて……
お風呂ぐらいは一人で……
おい!!

●断固拒否！●

知人からの借金の申し込みに「NO！」

――「カネ」を二人の関係に割りこませないことが肝要

知人、友人間でのお金の貸し借り。困っているなら助けてあげたいのはやまやまですが、できれば避けたいものです。それは、先々まで親しく付き合っていくための、大人の知恵でもあります。お金の貸し借りの相談ではなく、節約や蓄財の工夫を話し合う関係になりたいですね。

悪いけど持ち合わせがなくて。
こっちが借りたいくらいでね。
お貸しできるだけのものがありません。

※どうしても貸さなくてはならない場合には、必ず借用書を書いてもらおう。

『金はあるけど
お前に貸す
金はない』って
『お前に貸す
くらいならドブに
捨ててやる』って
田中の野郎、
殺してやろうと
思ったよ
気持ちは
わかるよ
そこまで言う
田中の気持ち
……

●断固拒否！●

借金の保証人になってくれといわれ……

――危険は避けるに越したことなし。別の誠意の見せ方がある

安易に保証人にならない。社会人として身を守る、イロハのイです。しかし友人から申し込みがあったら、どうしましょう？　決断するのはあなたですが、決してお勧めできません。ただ断るだけではなく、保証人以外に援助の方法がないか、話をしてみましょう。

親から「保証人にだけはなるな！」ときつく教えられていてね。すまない。たとえ相手がだれであろうが、借金の保証人だけにはならないと決めているんだ。他に手伝えることはない？

やっぱりムリか……
悪いけど死んだ親父の遺言なんだ
『たとえ親友でも借金の保証人にはなるな』って……
いや
『借金の保証人になる時は相手を選べ』って
……

●断固拒否！●

縁故採用をお願いされたが、キッパリ断る

——相手は真剣！　だからこそまじめに、しかしキッパリと

就職難の昨今、縁故で入社できるなら……と藁にもすがる気持ちで、相手はあなたに声をかけてきたのでしょう。しかし、できないものはできない。「無理無理～、他当たって！」などと横柄に対応すると、遺恨を残しかねません。大人のフレーズで誠意を持って。

申し訳ございませんが、私など、なんの発言権もありませんので。

お役に立てず、恐縮です。うちの会社では、そういったことは一切しないと決まっていまして。

確かにオレは専務の息子だが縁故採用の権限なんてないよ
このために飛行機使って東京まで来たんだぞ
そうか……わかってりゃあ
わざわざ来なかったのにな
お前なんかと付き合ってなかったのに
……

●断固拒否！●

ご利益がある壺⁈　そんなの絶対買いません！

——壺の評価で戦っても無駄。ともかく速攻で断る

あなたから見れば、ただの壺。しかし相手からすれば、あなたに幸福をもたらす魔法の壺。この温度差が埋まることはありませんから、ちゃんとお断りしましょう。ともあれ相手に悪気がないので、感謝の意を示しながら断るのがコツ。あろうがあるまいが、「他に信仰するものが」も、説得力大。

お気持ちだけいただいておきますね。どうぞ今後はお気遣いなく。

他に信仰するものがありまして。

前、50万の壺を買ってから妻の病がひどくなって
ではさらにご利益があるこの300万の壺をぜひ
課長のあやふやな態度がダメなんですよ
相手のペースにハマる前にバシッと言い切らなきゃ
そ…、そうだよな
退職金、前借りさせてください!!
違う!!

●断固拒否！●

インターフォン越しのセールストークをカット！

——玄関ドアを開けずに、インターフォンで話を終わらせる

自宅でのんびりしていたら、インターフォンの呼び鈴が。出てみると、立て板に水のセールストークが。これは玄関に出たら、大変なことになりそう。ならば、左の定番フレーズで、「私は買いません」「必要なし」の意思表示を。ともかく、ドアを開けないのが一番です。

間に合っていますので、結構です。
取り込んでおりますので、失礼します。

インターフォンのモニターごしに胸の谷間を見せつけるの
年齢を問わず男性客はこれで必ず玄関を開けます
会社から支給されるんです
胸元の開いたスーツですか？
豊胸手術代
……

●断固拒否！●

何度も訪ねてくるセールスマンを撃退！

――乱暴な言葉は無用。自分の意思をストレートに伝える

うっかり玄関に出て、セールスマンと話をしてしまったあなた。契約には至りませんでしたが、あと一歩と思われたらしく、再来訪。ここで断らないと大変です。かといって、激しく乱暴な言葉は、大人として避けたいもの。品を保ちながら、しっかり拒絶する言い回しを覚えましょう。

ほんとうに間に合っています。
何度来ていただいても、お断りするしかありませんから。
どうかもうお引き取りください。こちらで失礼いたします。

※何度もしつこく、悪質な勧誘は、警察や消費者センターに相談を。

70歳のオフクロが最近、口紅をつけ始めたんだ
健康食品のセールスマンが週に3度は来るの
それがまた若くていい男でねェ
そのせいだったのか……
お前が補整下着つけてるのは
やーん

●断固拒否！●

意味ありげな贈答品……受け取りたくない！

――「もう二度と送ってこないで！」と必ず意思表示を

契約や就職のあっせんなど、断ったはずなのに、相手から贈答品が。まさか、まだあきらめていない？　こうした「意味深長」な物品は、受け取らないこと。相手にもその旨伝えましょう。もし宅配便なら、「受け取りませんので、返送してください」と、持って帰ってもらうこともできます。

困ります。返送させていただきますので、もうお気遣いなさいませんように。

受け取るわけにはまいりませんので、もう二度とお送りにならないでください。

ここんところ
急に贈答品が
増えてるのよ
人事部長のオレが
10人のリストラを
命じられたんだ
『なんとか私を
切らないように
頼みます』って
たいへんだよ……
『オレを切ったら
どうなるのか
わかってるのか』って
包丁
……

●断固拒否！●

「何いってんだ？」無礼にもほどがある場合はキッパリ！

——相手をする価値もないとき、怒りを表に出す必要もなし

家族、友人の不当な悪口をいわれた。根拠のない噂話で揶揄された。犯罪まがいの儲け話を持ちかけられた……大変失礼な話です。怒っていいのですが、その時間すら惜しい。すぐに席を立ちましょう。その際にこうしたフレーズを冷静に口にすれば、あなたの深い怒りも伝わるでしょう。

ご冗談ですよね？
失礼いたします！

お前の海外赴任が決まったぞ
それで赴任先は？
これ、あちらの所長からお前にって
ですから赴任先は？
『毒矢で射られた時の解毒剤』だって
冗談ですよね

●断固拒否！●

そんな面倒なケンカの仲裁はしないよ！

——下手に介入するより、きちんと断るのが大人の対応

子供ではないのですから、大人同士はケンカをしても、お互いいつか歩み寄るもの。それができずに縁がなくなることもありますが、それも自己責任。あなたが仲裁をすべきかどうか、冷静に判断を。できないと思ったなら、断るべきです。なぜならあくまでも、「人のケンカ」なのですから。

私ごときに、そんな力はございません。
ご本人同士で話し合われたらいかがでしょうか。

彼女の部屋に青い歯ブラシが置いてあったんだ
問いただしたら『弟が遊びに来たの』だって
お前も知ってるだろ、彼女に弟なんていないってことは
ツラいもんだな……
恋人にウソをつかれるのはな
親友に裏切られるのは
バレてたの……

●冠婚葬祭の正念場!●

招待された結婚式の日が、家族の法要の日

――本当の理由は書かなくてOK。先方はわかってくれます

近しい家族の喪中は、めでたい席への参加は辞退するのが通例です。事情を知らない相手から招待状が届いたら、出欠ハガキに以下のような文言を書き添えて「御」を二重線で消し、「欠席」に丸をして出して。口頭で誘われた場合も、左の内容をお伝えして欠席を知らせましょう。

ご招待いただき、ありがとうございます。しかし大変残念ですが、その日は余儀ない事情がありまして、欠席させていただきます。

※結婚祝いは別にお送りするとよい。

結婚式の日
じいちゃんの
法要だから
仕方
ないわね
でも悪いけど、私、
何が何でも出席って
気にはならないの
私自身も
後ろめたいわ
40手前の
花嫁なんて
3度目の
花嫁姿なんて
……

披露宴に招待されたが、そのころは長期出張中

――ただのお詫びに終わらず、お祝いの気持ちを込めて！

2カ月後の披露宴の招待。しかしそのころ、自分はアメリカ出張中！……断るしかありません。そんなときは、お詫びするだけではなく、一言お祝いを添えること。これがあるかないかで、まったくお祝い感が違います。返信ハガキで出欠を伝える場合も、最後に必ずお祝いの言葉を添えて。

お誘いいただき、ありがとうございます。しかしそのころは、長期出張が入っておりまして、残念ながら出席できません。遠いアメリカから、お二人の幸せを祈っております。

式に出たいのはやまやまなんだけどさ
ちょうどその時アメリカ出張中なんだよ
そうか
こんなこと何度も経験してるんだ
だから困るんだよなァ
商社マンってな
できちゃった結婚って……
……

結婚式の当日、突然父が倒れて！

――すぐに連絡して、欠席を知らせよう

結婚式当日になって、急に父が……！　こんなときは、左のようなフレーズで欠席を知らせます。式場に電話をして、招かれた側の方（新郎、もしくは新婦）にお知らせするか、式場の担当の方に伝言します。めでたい日なので、「急病」「事故」などを口にせず、「よんどころない急用」といいます。

大変申し訳ありません。よんどころない急用ができまして、本日はお伺いできなくなりました。

連絡は入ってます。お父様が交通事故だそうで
受付
そのことで……
申し訳ないのですが……
ペローっ
わざわざ式場まで来てもらわなくても
新郎に輸血をお願いできないかと……
それはちょっと……

本書は文庫書き下ろしです

青春文庫

マンガでわかる「ものの言《い》い方《かた》」便利帳《べんりちょう》

2012年11月20日　第1刷

編　者　知的生活研究所《ちてきせいかつけんきゅうじょ》

漫　画　ザビエル山田《やまだ》

発行者　小澤源太郎

責任編集　株式会社プライム涌光

発行所　株式会社青春出版社

〒162-0056　東京都新宿区若松町12-1

電話 03-3203-2850（編集部）

03-3207-1916（営業部）

振替番号　00190-7-98602

印刷／共同印刷

製本／フォーネット社

ISBN 978-4-413-09558-7